Alexander Gruber · Alte Bekannte

Alexander Gruber

Alte Bekannte

Gedichte aus vier Jahrzehnten

PENDRAGON

Dank an Rainer Hagl

Widmung
An einige Leser:

Immer noch

Als Kinder banden wir die schönen
Maikäfer mit den braunen Flügeldecken
an Fäden fest, und sie,
sie schwirrten auf in schimmernd blaue Luft,
so weit die Fäden reichten.
Und mußten in die Kinderhand zurück,
zurück in einen Schuhkarton mit Löchern ...

So habt Ihr, Freunde, mich am Faden noch –
immer noch!

IM LABYRINTH

Pasiphaë, graue Flügel entfaltend,
Minotaurus, schleppend das dunkle Haupt.

Minotaurus

1
Da steht er auf, der quer verbaute Bub,
den Mord im Aug, den er im Geist begeht,
ohnmächtig immer, nach Vergebung toll.

2
Ob noch dein Auswurf zeugt, alt wie du bist
und Eisen grau am ganzen zottigen Leib?
Läßt doch nicht ab im Finstern vom Verzehr
fauliger Reste. Andres ist nicht mehr.

Knabe Eros

1

Nicht das Geschlecht ist es, was fasziniert,
sondern des Leibs Aura, Gliederschmelz,
der Gangart Fließen, der Erscheinung Duft:

ein Gartenbursch, der lächelt und den Kopf dreht,
ein Tanzender verdunkelten Gesichts,
ein Augenblitzen, Schulterheben:
                              Eros,
Gott im Verweslichen, scheint unverweslich
und Augenblicks trifft er des Lebens Nerv.

*

Wie leben also? Wahr ist auch der Wunsch
nach Einverleibung und Vereinigung,
Besamung irgend und Empfangbarkeit.

Wahr ist der Schrecken, das Entzücken am
braunen Moorsee, wenn durch eine Ritze
der Badehütte steht des neuen Vetters
dicht vor dem Auge zierliches Geschlecht
[als wärs das eigene, lebendig doch]
blinkend von Tropfen in dem goldnen Haar –

der Schreck von Scham und Schönheit!

2
Wahr ist auch,
daß diese Knabenwelt nicht dauern kann.
Ihr folgt die Gier, die all erfaßt, aushülst.
Das Heilige vermodert, wird Gestank.

Wie leben, wenn sich Trieb und Treue trennen?

3
Beim Knaben liegen wie beim Weibe bringt
Gesetzes Tod.
                O Liebe!
wie sie zerstiebt, zerstäubt ins Nichts. Ins Nichts.

Ach, wie sie blendet!

Ach!

Minotaurus. Jetzt

1
Er liegt in enger Kammer (kalt, schmal, kahl)
auf alten Kleidern. Haut wie Haar grau. Fahl.
Mundhöhle fault. Schon schuppt, verhornt, die Stirn.

Sein schlaffer Penis pocht inwendig noch
als in Erinnerung. Die ist vorbei.
So falsche Süßigkeit zieht durchs Gehirn.

Mit knochigen Fingern tastet er sich ab.
Haarlos und faltig hängt der Hodensack,
lose das Fleisch. Das will hinab ins Grab.

2

In seiner Höhle flattert auf Getier,
wenn er sich regt; oder schlüpft fort in Nacht.
Durchpulst vom Purpurdunkel, drin er ruht,
trennt er nicht Anfang oder Ende mehr.

Was in ihm Sehnsucht weckte, weiß er nicht.
Vielleicht Berührtsein ohne Strafe wars
und Aufgehobensein, so aufgelöst
wie nie, außer verwest.

Oder Anrühren alles Seins, die Lust
zu spüren, daß er Herr ist und vertilgt
auf weiter Erde alle, die nicht er sind,
da er geboren wird ins Labyrinth.

3

Ach, trocken ist er, ganz gedörrt beinah,
sein Haar wie Stroh und so gegerbt die Haut.
Geruch entströmt ihm, ungewaschen, alt.
Er kommt den Käfern nah, Zikade bald.

Die endlos zirpt und zirpt dem Monde zu.
Doch innen rauscht und tropfet unsichtbar
aus Spalten tief und Gängen, endlos hohl:
Geistergesang. Da schöpft er Wasser klar.

Das ihm durch alle Finger läuft, und naß
in Staub gedrückt, auf Lehm, auf heißen Stein
Spur wird dem einen einzigen Augenblick -
der möge ewig sein.

4

War denn nicht Licht, zu dem er aufgeblickt?
Und er erhebt sich, regt sich, schreitet aus,
tut sein Ohr auf, hört den Schlag, den Ton,
setzt einen Fuß, den andern so: der Tanz!

Luft strahlt, und alles leuchtet: Haus und Baum,
Stall, Weide, Bucht dahinter, blau,
der ebene und festgestampfte Plan,
die Wimpel, die Gesichter, die Gestalt.

So tanzt er vor: Sandale hält den Fuß,
Gürtel die Lende, Band das helle Haar,
Hand eine Schulter. Alle folgen jetzt,
verschlungen in den Reigen als Gesetz.

Ja, er gelingt: Krieg. Liebe. Sieg. Gericht.

5
Jetzt hört ers, oder glaubt, daß er es hört,
das Tier am andern Ende seines Gangs:
im Dunkeln unsichtbar. Doch regt es sich.
Er witterts, nimmt es wahr, wies Atem schöpft.

Fremder Geruch, ihm widerlich. Ihn würgts.
Er speit Gewölle aus. Er will nichts mehr,
nichts, nichts! Und lehnt sein Horn,
sein schweres Haupt hart an die harte Wand.

Wärs Echo seines Atems, was da keucht?
der Schlag des eignen Herzens, den er hört?
Ach, seine Seel fliegt auf, er faßt sie nicht
mit dieser seiner Hand.

Und spürt den Herzschlag schneller, spannt den Hals,
die Achsel, Arm und Huf zum halben Sprung.
Ausbricht ein Schrei, lang röhrend, rollend fort ...
Dort ist kein Ort.

6

Er sitzt vor grauer Wand in grauem Licht.
Die eine Hälfte deckt die andere nicht
im schiefen Angesicht. Die Schultern breit,
spannen fast faltenlos so dunkle Zeit.

Der Mund, als lächle er, verzieht sich weit.
Glanzlos die Augen starren trüb gradaus.
Oh, käm er endlich wild aus sich heraus,
dem labyrinthischen Haus! Wer immer auch
die Schwelle übertritt, was immer auch
den Spalt des Eingangs findet seinem Blick,
verlischt, vergeht, kehrt nicht zurück
aus dieser Höhlung, da die Toten sind,
das dürre Laub, der Wind.

zu Minotaurus

Opfer

Ich lieb ihn nicht mehr. Ich begehr ihn nur
in der Erinnerung. Silbern die Scham
und schmal. Ein Arm umfaßt ihn ganz.
Silbern das Fell mit seinem steten Glanz.

Sein Abscheu vor dem Kuß! Er zuckt zurück
und wendet, lachend zwar, so jäh den Kopf.
Doch wenn er sich ergibt, sacht offenen Munds,
ergießt
dringt Stöhnen tief aus seinem Leib.

Die Tiefe ist mein Grab, darin
wie ohne Atem kaur ich, fühlend mich
beatmet als von ihm. An harter Wand
vergangener Zeit tasten Sehnen der Hand.

Inbild

Er hat mit Süße dir den Mund gefüllt,
mit federleichtem Flaum die Haut berührt,
in goldenes Lichtfleisch deinen Leib gehüllt,
ihn hochgehoben, durch die Luft entführt –

da schwebst du in durchsichtiger Lasur,
bist ihm verfallen, den du gar nicht siehst,
erwartest ihn, entdeckend Spur um Spur,
und mußt ihn lieben, rechtlos, gnadenlos.

zu Minotaurus

Minos war König auf Kreta, seine Gemahlin Pasiphaë. Sie gebar ihm mehrere Kinder, worunter Ariadne, Phädra, Glaukos, auch der Minotaurus, Frucht ihrer Verbindung mit einem makellosen weißen göttlichen Stier – als Anzeichen zu werten ihrer Priesterschaft. Minos ließ von Daidalos das Labyrinth erbauen, um dies Wesen darin zu verbergen, das Theseus von Athen schließlich mit der Hilfe Ariadnes überkam. Ikaros war der Sohn des Daidalos, dem der Vater Flügel für die Flucht von der Insel fertigte, doch flog er, trotz des Vaters Warnung, zu hoch; die Sonne schmolz das Wachs der Flügel, und der Junge stürzte ins Meer.

Pasiphaë

So lange leb ich schon und weiß doch nicht,
wie sie verschwunden ist: die stille Frau,
zierlich und weiß von Leib, mit langem Haar,
das sie aufs Kissen rollen ließ wie Wein
in dunklen Nächten, wenn er lautlos kam,
rasch, rasch und schmerzhaft, und sie weinend lag,
still, ohne Laut. –
                Noch auf dem Totenbett
war Fülle ihres Haars, jetzt weiß verschneit,
das ihre Tochter flocht, auflöste, flocht.

Nacht war für sie durchwogt von Laub und Wind,
lichtlos und rauschend. Stimmen waren da,
so tief wie Finsternis, so glockenhell.

Ihr Herz schlug hoch, doch sie verstand sie nicht.
So wurde, wird es: Licht.

Pasiphaë. Jetzt

Zahnlos der Mund. Das Zahnfleisch eitergelb,
stinkend wie Drachenatem, faul.
So ißt sie, wie ein Vogel Wasser trinkt.
Das trieft ihr übers Kinn, rinnt unbemerkt.

Ihr Haar ist grau, zerzaust, dünn und verklebt,
das, als sie jung war, strahlend niederfiel
über die Schultern, Brüste, Hüften, Knie
bis beinah auf die schmalen Füße. Schwarz.

Ah, wie sie lächelte! mehr Augenspiel
als kräuselnd ihrer Lippen Leichtigkeit.
Im Schatten ging sie; Leuchten war um sie,
als ob der Mond auch tags vom Himmel schien.

Und doch: ihr Aug sprüht jetzt noch Licht. *Licht.*

zu Pasiphaë

Kindheit

Sie kamen, die Zigeuner, durch die Stadt
mit einem Bären, der die Rassel hört,
voll Angst die Beine hebt zum Tanz. Es kamen
auch Russen, die aus einem runden Scheit,
wenn man es brachte, einen Vogel schnitzten.
Wo ist er hingekommen, der mein war?
Ich weiß nicht, wo er ist. Doch flieg ich fort.

Traum P.s

Sie weiß nichts mehr, weiß nicht mehr, wer sie ist;
geschweige, wer sie einmal war. Einmal
erfaßt ihr Schicksal sie, stößt sie zurück.
Zurück!

Jetzt läßt sie keinen mehr ins Haus, singt laut,
daß niemand ihr zu nah kommt. Oh!
Wie einst ihr Vater so!
Minos seither.

Der setzt auf feinsten Teppich seinen Fuß,
schmal wie die Hand und schön
en gros und en détail, geht Muster aus
und Ranken in Gedanken, bückt sich nie.

Sie träumt. Sie träumt, er falle vor ihr auf die Knie.

M. am Grab P.s

Läg er darunter, unterm Immergrün,
dem Löwenzahn, den kleinen Disteln wild,
die Augen offen, deren Gallert gelb,
fast schon zerlaufen, vom Lehm eingedellt,
von kleinen Klumpen Sand; der offene Mund
voll Erde, daß die Zung so borkig wird;
nicht lallen kann sie mehr, nicht schmecken, nicht
mehr sich regen, spielen höhlungswärts -

Läg er darunter, wild verkrümmt, verzerrt,
wie wär da Friede, Ende, Anderssein!
Denkt er. Wünscht er. Allein.

Pasiphaë und Minos

Die Haare lang trug sie, zum schwarzen Zopf
geflochten zwei Mal jeden Tag, bevor er kam
und kam zu ihr und kam. Doch seine Saat
warf er in weiße Seidenlaken aus.

Er hält sich raus aus allem. Glaubst du ihm?
Er lächelt fein, doch niemand sieht genau,
wohin er blickt. Kein Regen fällt, kein Tau
und macht so silbrig jedes Spinnennetz,
sonst unsichtbar, von ihm zu ihr zu ihm …

Blick
[Minos]

1
Hast du gesehen? Gott. Die Welt
liegt ganz in seinem Leib, und sie bedarf
nicht des Geschlechts.
              Aus seinen Brüsten quillt
ihm helle Milch der Sterne in die Nacht.
So zeugt er, säugt er Recht.

2

In einer Wanne wäscht er lilienweiß,
die auch sein Sarg sein wird, so Hand als Fuß.
Wie gerne höb er ihn zum Tanz!
O ja!

3
Der geht nach fester Regel, Tritt für Tritt
im innigen Verbund. Ja, sie sind nackt,
vom Haar befreit die Achseln wie die Scham,
um die ein Ring liegt, auf daß sie nicht schwillt,
der Leib geölt, vom Saft der Iris süß –
so treten sie vereint in die Rotunde,
auf glatten Stein. Die Trommel schlägt den Takt.
Die hohle Flöte lockt den Totengott.

Doch tanzt das Leben. Das kennt keine Zeit.

Herbstfragment
In M.s Gedanken

Jetzt welkt das Laub, verfärbt sich und fällt ab,
bedeckt das Gras, ergeben, auch das Grab,
das Immergrün, den Efeu, kleinen Buchs,
all was da strahlend wuchs.

Zwischen den Bäumen weißer Nebel steht.
Die Luft ist feucht, kalt, bitter, die noch geht.
Verweht. Scharf riecht. Verfault.
Gerbsäure

So dunkelsamten kehren Motten ein
und sterben lautlos in dem dunkeln Schein.
Der junge Ahornbaum vor weißer Wand
bei rotem wildem Wein glüht golden auf.

Die Wahrheit lodert, Lohe, auf am Rand:
im kalten Weltall Lebens Explosion,
als wäre Herrlichkeit trotz Zeit.
Läg irgendwo bereit.

Ikarus

Er haßt den Vater, haßt ihn bis aufs Blut
Und schwört sich heimlich, daß er ihn erschlägt
mit einer schartigen Axt, der Doppelaxt,
die er erfunden hat. Die schmeckt er gut.

Ja, wenn er aus dem Bad kommt, noch vom Dampf
gedunsen, halb geschwollen das Geschlecht,
da trifft er ihn, trifft ihn, gleichgültig wo:
den Unterbauch, den Hals, den Schädel. So.

O wüster Traum, aus dem er oft erwacht!
keuchend in dünne Decken eingehüllt
und dann ins Finstre starrend, in die Nacht,
die dröhnt von roten Sonnen. Ohnmacht, ja.

Kopfunter. Reglos. Da.

EIN KATZENKOPF VIELLEICHT

Ein verstecktes Ziel hat der Mensch. Wer klug ist, sieht die Zeichen Gottes.

Postbote

Spitznase, Fuchsgesicht, rötliches Haar,
milchweiß der Leib, die Venenschatten blau
in jeder Kehlung bis zur blaßen Scham
und fingerdünnem Glied im Goldgelock.

Soll ihn das kümmern? Ihm ist es egal.
Er öffnet Briefe und entnimmt das Geld.
Die Greise halten ihn für einen Gott,
Engel vielleicht, Dämon sogar.

Er lächelt tückisch und bedient die Fraun
in kleiner Küche auf dem kalten Herd.
Dann ißt er, was sie auf den Teller tun:
den Bröselkuchen, kaum gewärmten Schlag.

Schon ist er fort. Doch kommt er jeden Tag.

Der Krüppel

Er liegt im Fenster. Sein Gesicht ist grau.
Die Mädchen gehn zur Schule, die er sieht.
Sie richten ihre Strümpfe, Röckchen auch.
Er streicht den Vorhang. Der ist seidenglatt.

Sein Weib entkleidet ihn für jede Nacht.
Ach, unterm Stein, wie ist das Leben gelb,
unbehaart und windet sich ins Dunkel!
Ausdünstung hängt im Haar. Uringeruch.

Der Himmel sternlos, nur der Widerschein
der Gaslaterne zittert am Plafond.
Der Sohn (mannbar) schleicht heim, im Anzug Laub.
„Wo warst du? warst du?" schreit er, „Junger Hund!"

„Daß du verrecktest!" zischt der Sohn im Hausflur.

Der Schlächter

Er ist nicht sauber. Seine Gummischürze
zeigt braune Schlieren, die gestreifte Jacke
Spritzer am Ärmel, klein, doch unverkennbar.
Sein Kinn ist stopplig wie gebrühte Schweinshaut.

So geht er übern Schlachthof, einen Stock
unter dem Arm aus Haselholz, den Strick
leicht in der Hand. Die Gummistiefel schwappen.
Ein süßlicher Geruch herrscht. Seine Frau

bittren Gesichts, leidet an ihrer Galle;
die Kinder streiten – er versteht sie nicht.
Wenn er ein Kalb führt, weiß er nur, die Stadt
verlangt nach frischem Fleisch bei jedem Wetter.

Selbst in den Bunkern steht das Fleisch in Dosen.

Der Schläfer

Schwer ist dein Schlaf aus Blei, schwarz oxydiert
in Finsternis und Galle. Nur dein Aug,
einwärts gedreht, ruht auf der Bläue aus,
die kahler Himmel glattem Wasser leiht,

darin du treibst wie starres Holz. Wach auf!
Des Bruders Atem schnaubt dir heiß am Hals
und stinkend wie der Rachen eines Hunds.
Ihn treibt die Gier nach Fleisch, nach Fleisch und
                              Haar.

Tödlich sind seine Feste. Sieh, sein Fell
glänzt silbern an der Hüfte.Seine Scham
ist glatt, reglos und kühl wie Sommeräpfel. Höre,
die Ernte reift: dich hat ein Wurm zerfressen.

Der Tote

Der Leib gewaschen und die Scham bedeckt,
so liegt der Leichnam auf sterilem Stein.
Fremd liegt er ausgestreckt.
Verwesung kriecht ihm ein,

dem offenen, vom Schrein verzerrten Mund
und den gebrochenen Augen ohne Schein.
Licht brach aus ihnen in die Welt ein.

An dürrem Brustkorb eine Wunde: leer,
verfärbt die Ränder wie die starre Hand,
leblos, durchbohrt, halb hangend übern Rand.

So liegst du einst in einem eigenen Sarg,
im Leichensack, in einem Massengrab.
Wirst da gewesen sein: ein abgefallenes Haar,
vielleicht ein Brotrest. Der nährt wunderbar.

Der Jünger

Die Rose blutet. Der Lavendel samt.
O Duft, wär ich in dir gelöst!
Doch find ich keine Ruh, als wär ich Teil
des Laubs, das Wind hoch von den Bäumen reißt.

Wie ein Schwarm Vögel fliegts, doch fällt zuletzt.
Die Käfer deckts, die Asseln alle zu.
Der Wurmfraß frißts von unten, pilzbesetzt.
Nässe verfärbts. Die Finsternis nimmt zu.

Sie quillt lichtlos dem schwarzen Wasser nah
aus jedem Stein. Sie steigt aus allem Sein.
Ich will nicht sterben, nein: unsterblich sein,
erlöst von Ohnmacht, Unvermögen, Schein.

Wär einer da, wäre ich je allein?

Irion

Du lächeltest, kamst über deine Brust
als Schwimmer breit alsam ein weißes Rind
mit Locken leicht über der Stirn und hell.
Ansonsten haarlos, haarlos deine Scham,
haarlos die Achselhöhlen beide, duftlos.
Mir stachs ins Eingeweid, und rot,
so rot befärbt ich Lippen mir und Mund
und schnürte mir die Rippen, hob die Brust,
so links als rechts den dunklen Warzenhof,
und lächelte. Du fingst mich spaßhaft ein,
umfingst mich beidseits mit den Armen, hart,
und küßtest mich – nur kurz! – hart auf den Mund.
Ein Skythe küßt so, Engel, Dämon, Gott.
Du gingst. Ich blieb. Ich bleibe, Irion.

Portrait, weiblich
R. G.

Locken gleich Schlangen hängt sie um den Hals,
weil das die Männer lockt, so hört sie sagen,
und was sie sehen, sagt sie vorher an.
Das Bild ist Botschaft gleich dem Vorurteil.
Da ist kein Unterschied, denn säh Mann sie
im Bad, säh er die Naht
vom Zwickel bis zum Zwackel, wo sie schwankt
und hastig hinter einen Vorhang wankt
aus Plastik pur und sich von Hand verschlankt.

O Wut, die sie erfüllt, ohnmächtige Wut,
daß, was sie sein will, erst ihr Werk sein muß.
Ohne ihr Zutun wär sie eine Nuß,
taub, ausgespien, untauglich zum Genuß.
Was sie sich vorschnallt für die freche Welt,
ist, was sie hält: die harte Stange Geld.

Vorsteherin
B. H. - L.

Ihr Spitzgesicht schwimmt weiß durch blauen Dunst;
die spitze Stimme lispelt im Gedröhn
der Schwätzer rings, die schwatzen über Kunst,
und alles nichts – schwatzschwatz! – finden sie schön.

Nur wenn ein Judenjong zur Waffe greift,
so spielerisch, und dreht sie so und so,
ist ihnen doch, als ob ein Dämon streift
ihr Ferngewäsch: Sie brennen lichterloh

als Teufel, die im dichten Nebel stehn.
Das etwa Fremde wollen sie nicht sehn,
nicht hören, nicht vernehmen, nicht verstehn,
und so nach Haus in ihre Hölle gehn,

wie wenns der atemarme Himmel wär,
der über ihrem Spiegel hängt, verquer.

S. K.

Er hat die Haut des Knaben, der vom Söller
fiel, tot war. Paulus lag auf ihm:
die Münder Seele tauschend, wie die Lippen
Liebender sich eine Kirsche, toll vom

Exzeß, teilen. Er fühlt Furcht extrem vor
der Reizung des Geschlechts. Er lallt. Sein Geist
ist ganz dem Himmel zugewandt, indes die
Hand Krallen schlägt ins blühnde Fleisch.

Unter dem Hemd aus Nylon bricht der Schorf
borkig, aus Lymphe, und den Gürteldorn
sticht stets er enger. Quälend langsam geht
sein Hirn Gedanken nach. Die Ärzte messen

sie endlos mit dem Encephalograph.

M. S.

Sie lehnt aus dem Mietsfenster, stark geschminkt:
eine Gipsheilige mit staubigen Rissen.
Ihr Bauch ist eingezwängt, in dem ein Krebs
sinister wuchert. Ihre Hand, beringt

mit Straß und Simile, greift in die Blätter
eines Geranienstocks aus Plastik. Braun
liegt der Vorstadtrasen unter ihr.
Sie überwacht das Parken eines Wagens.

„Wo nehmen die das Geld her?" sagt sie. „Wo
nehmen die das Geld her? Hörst du mich?" –
Ihr fetter Mann liest eine Illustrierte.
Sie bricht ein Blatt von der Geranie ab:

Blut rinnt hervor und sickert auf den Sims.

K. L.

Er hat den Fußschweiß. Der Geruch umfließt ihn
wie eine Gloriole. Schwarze Brillen
verbergen seine Augen, ach, die Iris:
grün wie Steinalgen hinter starkem Glas.

Er haust vor kahler Wand. Über dem Bett
starrt gelb ein großer Spiegel. Grelles Licht,
unzählige Zigaretten, Kaffee, schwarz,
halten ihn wach. Er fürchtet nachts den Schlaf

wie einen feuchten Keller. Deshalb spricht er.
Er redet, redet, redet: „Du bist schuld!"
Die Worte glänzen schleimverklebt, durchnäßt
von blassem Speichel, der am Kußmaul tropft.

Aus seinem Leib sprießt dünn ein bleicher Trieb.

H. D.

Die Säure tritt ihm aus den Poren – scharf.
Er wirkt geätzt, von Lüsten tätowiert,
als hätte er, aus Feuergreueln Sodoms
gespien, sie überlebt, glasiert.
                              Innen
Ist alles rot und schwarz, ein Knäul von Schmerzen.
Er kommt vom Lande, und mit einer Sägschnur
schneidet er sich die Zunge. Blut
läßt er sehn in allen Höfen Baals,

steigt auf und glänzt. Wie ein Soldat die Seele
sitzt ihm in kahler Kammer, seine Stiefel
trocknend vom Schweiß und auf den Knien
das Bajonett blank schleifend.
                              Lichtschein
umfließt ihn wie Fruchtwasser den Fötus.

M. Sch.

Er hat das Haar griechischer Götter, wollig
wie Widdervlies. Vom Fett ist sein Leib bleich,
feist an den Lenden. Seine Handgelenke
sind breit. Er geht verhängten Blicks.

Sein Zimmer dünstet wie ein Fuchsbau. Seitlich
steht an der Wand ein Tisch: Abfall und Asche
zwischen dem Brot verstreut und billigen Büchern.
Er liegt halbnackt auf faulem Bett und liest.

„Du langweilst mich," sagt er, „geh weg!" Er blickt
die Brüste an im Magazin. Mit Mühe
verbirgt er eine Erektion. Sein Blick
ist gelb im Nebel wie ein Schneepflug

auf der gefrorenen, verschneiten Straße.

P. S.
Theater

Sein Leib ist ganz behaart von dichtem Haar,
goldbraun und seidenweich; süß schmeckt
der Schweiß von seiner Hände Arbeit. Mit
der Lampe schneidet er aus Dunkelheit –

da: Menschen, weiß und nackt: Henoch
erzeugte Jared ... Seth erzeugte Enos ...
Enos den Kenan ... Aus der Plastikhaut,
als aus dem Keimblatt schält er sie, und sie –

oh, mit Erstaunen regen sie die Flügel,
heben die Hand, schütteln das Haupt auch.
Ihr Bauchfell regt sich, ihrer Schenkel Schmelz.
Sie leben, leben voller Trunkenheit,
begehren schon die scheuen Menschentöchter
unter des Paradieses Mauerwerk.

J. C.

Breit übern Bug, doch haarlos; auch umhüllt
von Brandgeruch, der dünstet aus der Haut.
Im düstren Aug bläulich der harte Glanz
des Widerstands gegen die Welt, die Hand,
die ihn als Kind schlug ein Mal, zwei Mal quer
übers Gesicht. Und wieder. Oft genug!

Nun wirst du alt. Dein Leib, wie eine Frucht,
liegt auf dem Boden, zeigt Beschädigung:
Pilzflecken, Wurmfraß, Narben. Süße kaum.
Dafür der Fäulnis Keim, so rasend wächst.

Ist ein Geheimnis, das der Engel dir
verraten hätte? Wie das Leben sei?
Mir hast du nichts gesagt. Dein Aug bleibt stät
und blickt mich an, der rasch beiseit geht.

Th. W.

Dinge, wundervoll, liegen verborgen tief in deiner Seele.
Wie Rauch auf einem Spiegel, wolkig ziehn sie vorbei –
Weh, der vergoldete Rahmen! sein Gold splittert ab.
Da verbleibt Ebenholz, blau rissiger Stahl,
dein verzerrtes Gesicht, dein Sehnen der Haut.

P. N. T.
Klage

Blauschwarz und fein, so dicht, lang bis zum Knie
das offene Haar über der weißen Haut,
die um den Mund, ein Schatten, leicht beflaumt ist,
und um die Augen wie aus Sternen strahlt.

Anmut und Fülle: fern ein Wolkenbild,
weit, unbeweglich über satter Welt,
als drehte sie sich nicht im Himmelsblau
und stünde still für immer: atemlos.

Der Pocahontas Schwester, feigensüß
der süße Name in Vergessenheit. –
Und wie du lachtest! Mir zu. Hättest fast
mit deiner weißen Hand den Bann gelöst ...

Daß du nun tot bist! Schon verwest.

Emigrant
K. Cz.

Gesicht oval, die Finger schlank und schmal,
die Augen, aus der Hölle brennend, schwarz.
Er sieht sich stets: Kind, das er einmal war,
saugend die Zitzen seines argen Feinds,

als hätt ein Riese ihn zur Brust gelegt,
die dicht und sacht behaarte, ihn gesäugt
mit seiner fetten öligen Männermilch,
die ihn ernährt, so bitter er sich wehrt.

Die er verabscheut: All sein schönes Land
ist doch verzehrt, verheert (mit Blut,
dem schwarz geronnenen, geteert).
Noch in der Fremde klebt er fest daran.

Nirgend die Kinderhand, die helfen kann.

Hoher Priester

Er betet vor. Man kann ihn nicht verstehn.
Er tropft wie Molke in ein Wasserglas,
trüb in Gedanken alter trüber Zeit,
wohl wissend, daß er geistige Gewalt übt.

Alles ist schwer, da doch die Zeit vergeht
im Innern wie im Äußern. Jedes Haus,
gebaut zur Ordnung, füllt sich mit Getier.,
Feuchtigkeit, Verwesung, Todgeruch.

Klein werden seine Augen, und sein Mund,
so eingesunken, wird ein Mündchen klein,
sorgfältig, langsam formend Worte fein,
uralt, als wär ihr Same Stein,

der unter Dornen fällt auf harten Grund.

Jidd

Der zeigt die Zähne, seine Tiers Natur
mit Haut und Haar und bleckt die Zähne weiß.
Dem Maul entströmt Gestank, und dem Geschlecht,
das unsichtbar bleibt, dieses Bocks Geruch,
den er mit einer Gerte vor sich treibt
(die Schüssel in der Rechten für das Blut,
wenn jetzt geschlachtet wird).

Doch sieh die Augen! aufgerissen weit
über den kahlen Wangen und erschreckt,
voll Klagen, voll Entsetzen. Weit hinaus
in Herz durchraste Zeit vergeht der Blick
des Einzigen, des Menschen Sohns.
                                    Er sieht
die Väter tot, die Söhne tot. Sieht. Sieht ... !

Kind auf See

Der Mensch, noch klein, steht still vor jeder Tür,
die er nicht öffnen kann (sie sind zu hoch),
und blickt aus mandelhellen Augen ernst
und verlangend jeden an, der kommt.

Und keiner widersteht dem Augenblick,
ins Bläuliche gewendet mondner Nacht,
der ihn zur Liebe hinreißt, Dienstbarkeit;
er öffnet all, was schwer ist, hoch und weit.

Das Kind – wie fröhlich! – hüpft hinaus auf Deck
in Sonnenhelle, Welle, Gischt und Wind
als seinen Elementen, die gebeugt
entgegennehmen ihren ewigen Herrn –

wie wenn ein Engel den Moment erzeugt.

Der Greis

Wie lieblich sieht er aus im weißen Haar
mit Bäckchen rosa als aus Marzipan.
So freundlich spricht er jeden Menschen an.
Sein Schäfchen ist im Trocknen, das ist wahr.

Froh neigt er hier und leiht er da sein Ohr.
Daß er gebraucht wird, darauf legt er Wert.
Aus jeder Tür tritt er zuerst hervor,
auf Händen gehend: er ist unbeschwert.

Links sticht ein leichter Schmerz, da haust sein Herz
lichtlos in enger Kammer, ruhelos,
als schlüg es fort mit Fäusten an die Wand.
Er ignoriert es, tänzelt anderwärts

und großer Angst voll vor dem Bodenlos.

Ob-la-di

Sie singen da und tanzen: hopsassa,
schlenkern die Glieder dürr, den dicken Bauch,
vergnügt, daß sie am Leben sind und auch
so zärtlich noch: Olala Omama!

Der Graukopf da, geschniegelt und gelackt,
zählt stumm, legt seine Sohle aufs Parkett,
das bunter schimmert als sein Seidenbett;
hätt ers beschritten, wär es schwarz vom Schweiß.

Jetzt dreht die Bande auf, spielt einen Tusch.
Von allen Seiten dringen Masken ein
mit hohlem Aug und hohem Federbusch,
geschminkter Haut so glatt, so perlonfein.

O Fleisch, fahr wohl im Bauch des Schiffs, allein!

La belle dame

Sie trägt gern Seide oder Elasthan
so glatt auf ihrer Haut,
als fasse eine Hand sie kundig an,
der sie in Lust sich anerbieten kann.

Das schmale Fenster deckt ein Vorhang zu;
Halbschatten füllt den schmalen, engen Raum;
Rauschen des Meers im innern Ohr nimmt zu,
so süß und schwer in schwerem, süßem Traum.

Wenn sie erwacht, haßt sie das helle Licht.
Sie bürstet sacht und sanft ihr sattes Haar,
daß es wie Werbung glänzt, ganz wunderbar.
Begehrt sie mehr? Nein, mehr begehrt sie nicht.

Sommelier

Wie kalt die Küsse, wenn ihr Mann sie küßt!
Wie kurz, scharf, brennend der Verkehr,
da er den Samen auf das Bett auswirft,
den Bauch, den Boden. Und sie wischt ihn weg!

Das Zarte liebt sie, Zärtliche zumeist:
ein Lanolinbad, langhin duftend, leicht;
im Kerzenlicht die kleine Stunde, gleich
dem Schimmer matter Perle, schmeichelnd, weich.

Geduckt auch schaut sie auf den Sommelier,
den schmalen, dunklen, der in Händen schlank
devot die Flasche hinhält beim Diner,
darin wie Blut und Schlangenaug Wein rollt:

rot, dunkel funkelnd als ein Traum von Gold.

Vergessener Reisender

Ach ja, ich kenne das Gesicht,
das vor mir auftaucht da in schlechtem Licht:
bleich und gedunsen, eingekerbt und fahl,
mit Asche um die Augen als Fanal.

Die früher schlanken Finger seiner Hand,
nur kaum gespreizt, tasten so scheu.
Wie waren sie, das weiß ich, damals kühn,
und hochgewölbt die Stirn: eins Prinzen Haupt.

Jetzt bin ich arbeitslos, sagt er. Er blickt
von unten schräg, salzigen Tränen nah.
Die Käuferfirma aus den USA
globalisiert, spart ein, verlegt, verspricht ...

Da steht der Mann. Ich kenne sein Gesicht.
Den Namen weiß ich nicht!

Jetzt

Von weitem sieht er jung aus, ob schon alt.
Sein Leben ist verflossen; so verfließt
das Wasser leicht und seicht am halben Hang.
Jetzt trottet er mit andern: Busentlang.

Wenn keiner Acht gibt, nimmt sein blauer Blick
in einer Scheibe wahr die Wohlgestalt,
die er als junger Bursche dargestellt.
War er da Mensch? Weiß er, was er jetzt ist?

Damals war alles leicht, die Luft wie Sekt
(billiger Wein, von CO 2 durchsetzt),
und so verflog sie. Öd ist alles jetzt,
getränkt in Halbverdruß und Imperfekt.

Doch lächelt er, weiß über kront, perfekt.

Frau in Katar

Da, in der Menge, fest von Shawls verhüllt,
blitzt ein Gesicht auf: süße Blöße Mund
und Augenglanz unter der Wimpern Haar
wie Silberfluß, von Straßennacht gefleckt.
Um wendest dich und in dies Unsichtbar.

Der Dichter

Er hat kein Messer. Er wirft keinen Sand
in die Motoren. Er sitzt still. Er starrt
auf gilbendes Papier, auf schwarzen Druck.
Der schwimmt ihm vor den Augen. Er bleibt stumm.

Er liest von Mördern, die in Mississippi
aus offenem Wagen winken, glatte Reden
des Papsts an Jesuiten, von Jasmin
und Tod auf Inseln, schöner als Granada.

Er sitzt und starrt auf Bilder aus Asturien,
aus Vietnam, aus Hongkong. Schmerz und Leiden
sickern aus aufgerissenen Augen, Leibern
wie schwarzes Blut, das Pharaos Acker düngt.

Er sitzt da, stumm. Er starrt. Er kritzelt Kreuze.

IN DER GALERIE

... kühl, lieblich, ergötzend Gott.

Bassano

Und wessen Erde ist das? Gottes Erde?
Sagt Er dir, wo du betten sollst dein Haupt?
Weist Er dir Weg und Steg? Behaust, kleidet dich
und wehrt dem Hochmut, der Gewalt, dem Zwang?

1
Pfingsten

Im Säulengang versteckt der Synagoge,
zerlumpt beinah und ängstlich, beten sie:
das Weib des Zimmermanns aus Nazareth;
die Vier aus Galiläa: kleine Fischer.
Der andere Jakobus. Und Philippus.
Der Zweifler Thomas. Und Bartholomäus.
Simon Zelotes. Judas, Sohn des Jakob.
Matthias, den das Los traf, und Matthäus,
der Zöllner. Oben herrscht noch Dunkel.
Da füllt ein Brausen wie von Wind das Haus,
und im geliehenen Raum erscheinen Zungen,
zerteilt und wie von Feuer, über ihnen.
Fast tanzen sie, denn stand da nicht geschrieben,
Gott woll ausgießen Geist auf alles Fleisch? –
Bricht dieser Tag an? Ist die Nacht bald hin?
Gehört die Welt endlich den Kindern Gottes?

2
Gericht

Sankt Peters Kirchenschlüssel liegen da,
wie achtlos weggeworfen. Keiner braucht sie,
wenn Pfingsten wahr ist, sagt der Maler, der
im Rathaus von Bassano Jesus malte,
schreibend in Sand:
‚Wer unter euch ist ohne Sünde, werfe
den ersten Stein.' – Die Sünderin,
im reichsten Kleid, blickt sehnsüchtig hinaus,
und auch der Krüppel sieht woanders hin.

Oh, wo ist Recht? Wo ist Gerechtigkeit?

3
Der Dreizehnte

Ihn streift das Licht nur überm kahlen Kopf;
er steht im Schatten und trägt keinen Namen;
er könnte sein das Salz der Erde, selig
gepriesen auf dem Berg; doch schweigt der Maler.

Es schweigt die Inquisition.

Bassano del Grappa, die Stadt mit ihrer von Palladio entworfenen ‚Ponte degli Alpi' über die Brenta, leistete in beiden Weltkriegen entschiedenen Widerstand gegen die Österreicher und die Deutschen.

Jacopo dal Ponte, ihr Sohn, bekannt als Jacopo Bassano (1510 - 1592), zählt zu den bedeutenden Renaissancemalern Venedigs. Seine ‚Ausgießung des Heiligen Geistes' und ‚Christus und die Ehebrecherin' sind im Städtischen Museum von Bassano ausgestellt.

Madonna mit Kind
Scuola sienese

Die Sienesen lieben ihr pan forte
aus Mehl und Mandeln und kandierten Früchten.
Sie lieben ihre Würste, ihren Presskopf,
die Bohnensuppe mit den Singvögeln
und darauf dünn geschnittene Zwiebeln, blau;
Gewürze dazu und den herben schweren
schwarzroten Wein von ihren lehmigen Hügeln.
Sie lieben weißen Marmor, vorgesetzt
den braunen Ziegeln, draus sie Mauern, Bögen,
Häuser und Plätze und die Kirchen baun,
worin die tiefe Stille, tiefes Dunkel
am hellen Tag herrscht. Aus der Sakristei
nur dringt Geräusch und schlurfen Schritte
zu den Altären in den Seitenschiffen
mit kleinem Licht, das flackert und verlöscht
und jetzt an tausend Kerzendochten aufglimmt
und zuckt und rußt und lebt und golden atmet:
Die heiße Luft fährt über Flammen auf.

Wie Leidenschaft aus voller Seele, Glanz
glühenden Lebens dringt von der Madonna,
die aus dem Himmel herzublicken scheint,
so schimmert, leuchtet, strahlt der Goldgrund da.
Zu leben und zu lächeln scheint das Kind,
das ihr so zärtlich in den Armen schwebt,
dem sie die seidenweiße Brust darbietet,
oder die Blüte, oder eine Frucht

mit schlanken Fingern, die zum Zwiebelschneiden
niemals gedacht sind: eine Königin.
So liebt der Sienese die Madonna.

Und um sie her die Heiligen sind Fürsten,
Insignien des Martertodes weisend
wie Wappenschilde hohe Adlige,
Hauptleute, Ratsmitglieder, Äbte,
die auf den Zehnten dringen. Noch am Kreuz
glüht Jesus auf dem Flammengrund der Herrschaft,
an Holz und Haken hängt er nicht geschlachtet,
wies der rebellische Knecht und Bauer tut.

Die Sienesen lieben ihre Kunst. Und Blut.

Retabel
Triptychon

1
Sara

Erzvater Abraham vor seinem Zelt
spricht mit den Gästen, denen Glanz ausgeht,
süß wie Geruch von Rosen. Und sein Weib,
Sara, die Fürstin, lauscht hinter der Tür
und lacht, als sie begreift, die prophezeihn,
daß ihr ein Sohn wird. Bitter ist der Laut
und wild, o wild und elend! Wer begreift,
was das bedeutet: ohne Leibesfrucht
und trocken sein wie Wüste, Steppe, Stein!
Sie, deren Schönheit Könige gebeugt
und zu Verbrechern machte, und die stolz
zu keinem einging, den sie nicht gewählt –
und das war er, der Erzverzweifelte,
dem doch, weil er sein Volk und seine Stadt
verlassen hat, Nachkommen ungezählt
wie Sand am Meer verheißen sind von Gott.

Der ist ein Männergott; von Fruchtbarkeit
was weiß er? Weiß er, was sie tut? Tags! Nachts!
Was sie für Kräuter sammelt unterm Mond?
Wes dunklen Sud sie trinkt? Umsonst! Umsonst!
Auf altes Recht, uralt, greift sie zurück,
läßt ihren Mann eingehn zur eignen Magd,
der schönen Hagar. Die gebiert ein Kind,

den Sohn, auf den er wartet: Ismael.
Da will die Herrin sein, sie und allein.
Fort soll sie mit dem Bastard, dem Beweis
für die Kraft Abrahams, und kehrt zurück! –

Doch immer sprechen die von einem Sohn,
den blutig sie gebären soll, dem Land,
den Menschen all darin ein Heil.
Ich lache nicht, sagt sie. Ich lache nie.
Und bleibt dabei. Am liebsten schriee sie!

Ja, sie gebiert ihn, blutig, übers Jahr,
den unter Bäumen da Verheißenen.
Er ist ihr Innerstes, ihr Eingeweid
und ihres Lebens Leben. – Da nimmt Er,
der Alte, ihn zum Opfer auf den Berg,
Gehör befolgend. Sie verstummt, vergeht
wie Rauch aus einem Ofen, darin Brot
duftend gebacken wird. Da ist kein Wort,
kein Laut von ihr mehr, einzig noch ihr Tod,
ihr Grab im Hain unter Fels und Gestein.
Wes wird das Land, die Milch, der Honig sein?
Gerechtigkeit an dem und allem Ort.

2
Mutter Simsons

Auf blachem Feld das Weib des Manoah,
die sitzt im Zedernschatten namenlos.
Da kommt er wieder, dieser fremde Mann.
Er steht auf einmal da und blickt sie an.
Und sie erschrickt, als sähe sie ein Tier,
ein unbekanntes riesiges Insekt
mit Flügeldecken blank und Flügeln klar,
aus tausend Augen lächelnd, wunderbar.

Zutiefst erschrickt sie, spürt ihn glühend heiß,
den Schrecken innen, wo sie sonst nichts spürt,
springt auf, läuft übern Horizont
ins Lehmhaus Manoahs, den Hof hinaus –
die Sichel schärft er – , sagt ihm atemlos,
der Mann sei wieder da, der ihr den Sohn
verkündigt habe, ihr, die unfruchtbar
wie ein Stück Felsgrund in Philisterland.

Jetzt laufen beide gäh den Hang hinauf,
hoffend, er sei noch da, der Rätselgast,
und Manoah befragt ihn nach dem Sohn,
sein Werk und Wesen. Heimlich hat er Angst,
ein Wechselbalg, ein unterirdisches
gebuckeltes Dämonenkind werd seins
mit Kohleaugen, funkelnden und schwarz.
Oder ein schmiegsames Philisterkind,
des unbeschnittenes Fleisch, zur Lust bereit

für Weib und Mann, in ihrem Tempel Baals
zwischen den hohen dunklen Säulen lockt,
als wie gewaschen, rot, von rotem Wein.

Er fürchtet Zauber, uralte Magie,
die Eingang findet, wer weiß! in sein Weib,
in ihr Gemüt, dann ihren weißen Leib,
der stumm, der namenlos nur ihm gehört.

Wein soll sie meiden, jede Unreinheit.
Im Mutterleib schon sei er Gott geweiht.
Kein Messer solle kommen an sein Haar.
Danach in heller Lohe fährt er auf,
der Schreckliche, vergeht wie Rauch.
So war es Gott, oder sein Ebenbild?
Und also schön und wild wird Simson sein:
selbst untergehend alles Volk befrein.

3
Maria

Oh, sie ist sanft! Geborgen ist ihr Herz,
das überschattet wird von Aufgang her.
Der Engel hört, sie weiß von keinem Mann,
und Joseph sagt ihm, er verlaß sie dann.
Wenn da ein Kind in ihrem Leibe wird,
das ihr der Geist bereitet wunderbar,
Kind Gottes, so wie jedes, das zur Welt kommt,
wie selig preist sie da Barmherzigkeit
und preist sich selig und wird so genannt.

Der Kaiser über alle Welt will Geld,
und Joseph wird gezählt in Davids Stadt.
Sie zieht hinab mit ihm nach Bethlehem.
Da kommt sie nieder zu der halben Nacht
in einem Stall bei Ochs und Esel gut.
Auf Heu und Stroh in einer Raufe ruht,
gewickelt auch das Kind, in ihrer Hut.

Jetzt steht der Engel nah dem Pferch im Feld,
von Licht verklärt, das auf die Hirten fällt,
die sich entsetzen vor dem Flügelmann.
Der kündigt Palästina Frieden an,
auch Rom; auch allen Menschen auf der Welt,
wenn sie ihn wollen: Freude bringt dies Kind.
Sieh, wie es lächelt! Alle Zeit ist sein,
die kommen wird.
                   Kommt doch nicht von allein.

So viele Hände brauchts, Gedanken auch,
Geduld und Liebe, ohne Schuld zu sein;
auch eines Sterns Schein, der das Wunder nennt
den Wanderern, die, ob von Orient,
ob Okzident, Süd oder Nord herziehn,
darbringen ihren Schatz, dann den Mord fliehn.
Doch Joseph führt den Esel hart von Hand
mit Kind und Mutter nach Ägyptenland.

Jetzt weiß er, es ist seins, ihm anvertraut.
Die Davidslieder, fröhlich, singt er laut.
Maria summt sie mit, dem Kind ins Ohr:
Er stößt die Mächtigen von ihrem Stuhl,
erhebt die Niedrigen; wer Hunger hat,
den sättigt Er und läßt die Reichen leer.
Palmzweige wehen oben Himmel hin.
Leben ist Hoffnung, Hoffnung ihr Gewinn.

Das Felsengrab in Mitten bleibt bestehn.
Des Sinn, sie weiß, heißt: aus Leid auferstehn.

Pietà

Wie kann sie wissen, was das Frühjahr bringt?
Die Blüten frostversengt am Apfelbaum.
Der schlimme Sturz. Die halbgelähmte Hand …

Den Leichnam hält sie, weinend, nicht mehr fest,
wenn er, noch blutend, eingeschlagen wird
in feines Linnen und zu Grab gebracht
für immer – wie Millionen und Millionen,
Abermillionen.

Und vorher schrie sie doch, die auf dem Berg
so hochgebaute Stadt, schrie Hosiannah,
als wäre Hochzeit, schamlos, dann
aber: „Kreuzigt ihn!"

EINGEDENK SEIN ALLER KREATUR

...
vereinigt sein mit Stern, Fisch, Blatt und Stein.

Television

Da: aus dem Bildschirm wächst die kleine Hand,
rot über rot, faßt dich an Haar und Haut,
zerrt dich nach oben, seitwärts, rechts wie links
und reißt dich vor die Wand –

Ihr Arm, tiefblau, schlingt sich um deinen Hals,
so biegsam, schmiegsam, schmeichelnd, wonnevoll
und süß wie Sacharin, süß, süßer noch
als Gift für Ratten, allen Falls.

Die Lippen, gelb, sind aufgeblüht und glühn –
oh, voll Verheißung! – dir entgegen ganz,
daß du sie küßt und küßt: noch im Verglühn
erhöhend ihren Glanz,

der überdies verweist ins Paradies.

Programm

Der festgezurrte Affe sieht dich an
mit Augenbällen zäh, als wüßte ers,
daß er gefangen, ausgeliefert ist,
und, was ihn tötet, als sein Futter frißt.

Was zuckt er so? Du spürst es glühheiß da
in deiner Nervenbahn. Der scharfe Stich
blitzt von der Sohl ins Hirn. Schwarz. Weiß:
Hautglätte. Virus. Plus Genom –

Kanüle, Klebband, Pflaster halten fest.
Du öffnest seine/deine haarige Hand
klein und vergebens.
Und die Industrie

vergibt Zeit Lebens. Nie.

Vorortgarten

Der Salbei blutet. Wie mein Herz schwer schlägt –
vor Trauer schwarz! Die kleine Rose sinkt,
so matt im Innern, auf verfaulten Dorn.
Die Welt schreit, dreht sich – nirgendhin.

Schweigen wär gut und Stille ...
                              Wie im Ohr
die Ruhe dröhnt! So weit und weiter! Gott
hat sich umgewendet in die Nacht.
Die Käfer gehn, die Spinnen alle irr,
und Menschen auch im Finstern: sternenwirr.

Blüten. Kerne

1
Gold strahlend, rund gefüllt auf Stengeln schwank,
sind sie voll bittrer weißer Wurzel Milch
im dunklen Grün gezackter Blätter Kranz:
so kleine Sonnen auf die Welt gestreut.

Wärens nicht viele (wie auch Sterne sind
im ungeheuerlichen ewigen All,
jedes Gedankens spottend), wären sie
der Schöpfung schönste, Herz auftuende,

Erde verherrlichende Pracht.

2
Und wandeln sich, wie keine Seele kann,
zu hellen Sphären weiß gesternten Flaums,
der Samenkerne trägt in leichter Luft,
worin sie segeln, kleinen Wolken gleich,

eh sie versenkt sind in der Erde Nacht.

Frau in der Fremde
Hanna, M. Th.

Der Wiesenhang, der sanft dem Wald entsprang,
das Haus behütend allen Weg entlang –
wie ist er in Erinnerung gerückt
und scheint als Bild, beglückend und beglückt!

Doch war davor die Fremde. Sie blieb fern:
Hoch über grauem Fels. Selten ein Stern.
Klein alles, schroff: Schelte und Häme hart.
Kaum noch ein gutes Wort, oder je zart.

Sie fegt den Boden, streut der Katze Sand;
streichelt den alten Hund sacht mit der Hand;
brockt in die süße Milch den Kindern Brot;
schließt fest die Türen, da die Zeit verroht.

Sie glaubt und hofft: die Liebe hat Bestand.

Zuletzt

Oktober kommt bekümmert dieses Jahr,
grau, windig, kalt, Grünspan im Haar,
Rost an den Händen, nicht wie sonst: so klar
mit Äpfeln, rot im Sack, und Nüssen süß.

Die öffnet er mit einem Druck der Hand,
trinkt Traubenmost, trinkt federweißen Wein,
lacht, wenn die Bö Blätter vom Baum reißt, laut
und tritt in Pfützen, drin der Himmel blaut.

Am Mittag wirft er in der Stille einmal noch
die Sonne, seinen Ball. Wie blass der bleicht!
Bald schon fällt Regen. Unter nassem Laub
taumelt ein Schmetterling, ein Pfauenaug.

Das schließt sich dunkel. Alles ist erreicht.

Gedenktag Birkenau
28. Mai 2006

1
Wie könnt ihr atmen da? Gibt es denn Luft
unter den Toten, die in Rauch auf gehn?
Die Asche fällt so dicht, wir sind bedeckt,
erstickt in Finsternis, blind. Blind.

Hoch oben aufgeht der Versöhnung Stern.

2

Der Wind biegt absichtslos die Bäume um.
Wie da die Kronen leben mit dem Laub,
als streckten sie in Zweigen Hände aus,
lebendige Hände, Zeichen gebend, stumm.

Im Sonnenlicht sichtbar schneit Pappelschnee.

3
Darinnen Samen, der so weitertreibt,
treibt durch die Zeit. Nichts bleibt.
Vielleicht im Schattenwäldchen ein Gesicht,
fleckig vom Licht,

zum Gras geneigt, woraus ein Flüstern spricht.

4
Du täusch dich nicht!
Du hörst dein fremdes Herz:
ein Kind, das weint,
noch ungeboren, unvereint
dir und den Menschen.

Daß Gott nicht versteint.

Schlußbemerkung

Günther Butkus, verwundert über ein längeres Schweigen meinerseits, regte einmal mehr zu einer Auswahl der zum Teil vergriffenen Gedichte an und scheuchte mich damit aus dem ‚Labyrinth', worin ich schattenhafte Perspektiven ausprobierte. Ich gab nach und brachte das erste Kapitel dieser Sammlung mit, das schon ins Stocken geraten war. Vielleicht kann es, ohne ergänzt zu werden, für sich stehen.

Mit Vergnügen und weit geringeren Bedenken habe ich im zweiten Kapitel eine Reihe von Bildnissen alter und neuer Bekannter zusammengestellt. Ironisch ist da die Rede von ‚Katzenköpfen', aber nur, weil ich in Venedig, anläßlich der Biennale 2003, eine ganze Anzahl erstaunlicher Portraits des Amerikaners Alex Katz gesehen habe. Sie sahen aus, als hätten seine Modelle ihre Charaktere absichtlich verhüllt, als steckten sie in einem bunten Sack, den sie krampfhaft von innen zuhielten. Ich hoffe, das ist bei meinen ‚Bildnissen' anders gelaufen, und den ins Auge Gefaßten nicht so ohne weiteres gelungen.

Aber einmal mit Schilderungen befaßt, bin ich mit dem dritten Kapitel ‚in der Galerie' geblieben, auch wenn diese nun ganz anderer, vielleicht kühl zu nennender Art sind.

Im Gegensatz, wie ich glaube, zu dem ‚Gedenken' im vierten Kapitel, dem ich gerne noch Vieles aus der Vergangenheit angefügt hätte, doch ich wollte mich diesmal kurz fassen. *Gr*

INHALT

Im Labyrinth ... 7
    Minotaurus ... 9
    Knabe Eros 1-3 ... 10
    Minotaurus. Jetzt 1-6 ... 13
    Opfer ... 19
    Inbild ... 20
    Minos ... 21
    Pasiphaë ... 22
    Pasiphaë. Jetzt ... 23
    Kindheit ... 24
    Traum P.s ... 25
    M. am Grab P.s ... 26
    Pasiphaë und Minos ... 27
    Blick 1-3 ... 28
    Herbstfragment ... 31
    Ikarus ... 32

Ein Katzenkopf vielleicht ... 33
    Postbote ... 35
    Der Krüppel ... 36
    Der Schlächter ... 37
    Der Schläfer ... 38
    Der Tote ... 39
    Der Jünger ... 40
    Irion ... 41
    Portrait, weiblich ... 42
    Vorsteherin ... 43
    S. K. ... 44
    M. S. ... 45
    K. L. ... 46
    H. D. ... 47
    M. Sch. ... 48
    P. S. ... 49

J. C.	50
Th. W.	51
P. N. T.	52
Emigrant	53
Hoher Priester	54
Jidd	55
Kind auf See	56
Der Greis	57
Ob-la-di	58
La belle dame	59
Sommelier	60
Vergessener Reisender	61
Frau in Katar	63
Der Dichter	64

In der Galerie   65
   Bassano 1-3   67
   Madonna mit Kind   70
   Retabel 1-3   72
   Pietà   78

Eingedenk seiner aller Kreatur   79
   Television   81
   Programm   82
   Vorortgarten   83
   Blüten. Kerne 1-2   84
   Frau in der Fremde   86
   Zuletzt   87
   Gedenktag Birkenau 1-4   88

   Schlußbemerkung   92

Von Alexander Gruber sind bisher im Pendragon Verlag die Gedichtbände „Münder Seele Tauschend" (1998), „Landschaften. Orte" (2003), „Einem Berg begegnen – Sammlung biblischer Motive in zwei Teilen" (2004), „Auf Gras und auf Asphalt" (2004), „Das Paulus – Konvolut" (2005), „Ein Meerschwein hebt sein Bein" (2006), Vergessende Mitlebende (2006) und die Essaybände „Schillers magische Rute – Beiträge zur theatralischen Denklust" (2005), „Mozarts Ehre – Mehr Beiträge zur theatralischen Denklust" (2005) sowie „Die Kapelle des Satans – Neue Beiträge zur theatralischen Denklust" (2007) erschienen.

Originalausgabe
Veröffentlicht im Pendragon Verlag
Günther Butkus, Bielefeld 2008
© Copyright by Pendragon Verlag 2008
Alle Rechte vorbehalten
Umschlag und Herstellung: Uta Zeißler
unter Verwendung einer Arbeit von Rainer Hagl
„Vier Köpfe", Acryl auf Papier, 1998
Satz: Pendragon Verlag auf Macintosh
Gesetzt aus der Adobe Garamond
ISBN: 978-3-86532-992-9
Printed in Germany

Beiträge zur theatralischen Denklust
von Alexander Gruber

Schillers magische Rute
Beiträge zur theatralischen Denklust
Paperback, 156 Seiten, EUR 14,80
ISBN 978-3-86532-016-2

Mozarts Ehre
Mehr Beiträge zur theatralischen Denklust
Paperback, 194 Seiten, EUR 14,80
ISBN 978-3-86532-034-6

Die Kapelle des Satans
Neue Beiträge zur theatralischen Denklust
Paperback, 202 Seiten, EUR 14,80
ISBN 978-3-86532-016-3

www.pendragon.de